SOFT YOGA

L'auteur et l'éditeur signalent que ce livre-DVD s'adresse à des personnes saines de corps et d'esprit et dégagent toute responsabilité en cas de problème. De plus, ils ne sauraient être tenus responsables d'une mauvaise utilisation de ce manuel et du DVD inclus.

Éditions Kiwi
Édition : Manon Siracusa-Schneider
Création graphique : Julia Jacquet
Mise en pages : Cromatik
Illustrations : Elen Lescoat (pages 24-29, 32-38 et 59-60), Isabelle Godiveau (page 40 bas) et Shutterstock.com (pages 11, 39-47, 53, 57, 61, 64, 67)
DVD réalisé par Rue de la Prod

ISBN : 978-2-37883-037-3

Jacques Choque

SOFT YOGA

kiwi

Sommaire

Introduction

Une discipline millénaire 10

Les objectifs du yoga 12

Les textes fondamentaux 14

Les 8 piliers du yoga 16

Les postures

Les clés pour bien réaliser les postures 20

La relaxation éclair 24

Posture de la chandelle 25

Posture de la charrue 26

Posture de la pince 27

Posture du demi-arc 28

Posture de torsion 29

Les enchaînements

Les différents sens de la colonne vertébrale 32

Une salutation au soleil 39

Les exercices de respiration

La circulation de l'énergie 50
Les chakras 54
Les exercices respiratoires 58

La méditation

Comment pratiquer ? 64
Les effets de la méditation 67

Conclusion

« J'ai découvert que
tout le malheur des hommes
vient d'une seule chose,
qui est de ne pas savoir demeurer
en repos dans une chambre. »

Blaise Pascal

« Dans tout être humain,
il y a de la poussière d'étoiles
qui sommeille. »

Hubert Reeves

Introduction

UNE DISCIPLINE MILLÉNAIRE

Le XXIe siècle éprouve un regain d'intérêt pour le yoga, l'une des plus anciennes pratiques corporelles connues au monde. Effet de mode ou besoin réel ? Alors que les techniques scientifiques connaissent un essor extraordinaire, que notre société offre un certain confort matériel, de plus en plus de personnes ont du mal à faire face aux problèmes de la vie quotidienne. Le yoga n'est peut-être pas un remède miracle, mais une pratique régulière peut offrir de véritables bienfaits. Plus calme et plus détendu, le pratiquant de yoga contrôle davantage ses émotions, est plus disponible et canalise mieux son énergie.

Outre le développement des potentialités et de la vitalité, cette discipline millénaire offre la possibilité de prendre du recul par rapport à ses problèmes, pour éviter de les transformer en montagnes infranchissables. Bien que millénaire, le yoga apporte des solutions aux problèmes engendrés par le mode de vie moderne. En effet, sa pratique conduit à s'interroger sur l'alimentation (quantité et qualité), sur l'environnement (respect de la nature, « écologie ») et sur les relations existantes entre les êtres humains, et entre l'homme et les autres êtres vivants. Mais il permet également, en particulier grâce aux postures, aux exercices respiratoires et à un esprit positif, de conserver son équilibre et son capital santé, et de ne pas offrir de terrain favorable à toutes sortes de maladies.

S'il y a encore cinquante ans les adeptes du yoga étaient fort peu nombreux, il n'en va plus de même aujourd'hui. Un grand nombre de personnes aspirent à une pratique régulière, adaptée, pouvant être poursuivie tout au long de la vie. Ce livre-DVD s'inscrit dans cette optique, en vous offrant la possibilité de pratiquer chez vous, avec un professeur à domicile.

LES OBJECTIFS DU YOGA

Selon la base fondamentale du yoga traditionnel, il existerait en l'homme un principe profond de lumière et de sérénité intérieure voilé par les drames de l'existence. La pratique du yoga permettrait de vaincre les quatre *kleshas* (sources d'illusion) qui empêchent de répondre à la question fondamentale de l'être humain : « Qui suis-je ? »

Les quatre kleshas

❶ *Asmyta* : le sens du « je », nécessaire pour se structurer, mais qui entraîne l'ego dans un processus de séparation (j'ai oublié que je suis un, unique, et mon moi se pose en s'opposant), d'individualisation (illusion que je suis cause de mon projet, ce qui cause ma solitude) et d'appropriation (je ramène tout à moi).

❷ *Raga* (attachement, passion) : c'est par la cessation des désirs que je deviens libre et ne suis plus entraîné par un processus de dépendance (agréable-désagréable), d'avidité (toujours plus) et d'accumulation.

❸ *Dvesha* : ce sont les répulsions, les aversions, le dégoût et la haine, qui font pourtant partie de la réalité, et qui, acceptés, augmentent la lucidité.

❹ *Abhinivesha* : c'est l'instinct de conservation qui crée la peur, non motivée, de la mort et de la souffrance.

Dans le second aphorisme du premier chapitre des *Yoga-Sutra*, Patanjali dit « *yoga citta vritti nirodha* » : « Le yoga c'est la cessation de l'agitation de l'esprit. Alors, la conscience est rétablie dans sa propre forme. Sinon elle se confond avec les *vritti.* » Pour être bien comprise, cette phrase doit être prise mot à mot : *citta* signifie le mental, la conscience, l'esprit ; *vritti* les activités de l'esprit ou les produits de l'activité de la conscience (littéralement les « tourbillons qui créent un enchevêtrement de nœuds compliqués ») ; *nirhoda* l'arrêt, la suppression, la maîtrise, le refrènement.

Grâce à la pratique du yoga, l'être vit donc ici et maintenant (*sat*), devient conscience (*chit*), trouve la grâce (*ananda*) et s'ouvre à l'énergie cosmique. Le calme obtenu est un des trois états de conscience possibles (*sattva*). Cette sérénité est loin d'être une inactivité, mais au contraire une manifestation de la puissance intérieure maîtrisée. Cet état de conscience permet de voir dans tout être une existence cosmique, indivisible, impérissable. C'est pourquoi le yoga traditionnel cherche à amener le mental sur le chemin du retour à l'essence de l'intelligence pour que l'esprit puisse retrouver sa véritable nature.

Les trois états de conscience

❶ *Tamas* : l'obscurité, l'inertie. Son action est négative car l'être mû par *tamas* s'intéresse aux effets particuliers et non à la cause.

❷ *Rajas* : l'activité, mais qui fait que je regarde les êtres comme séparés si je me laisse entraîner par la recherche de la puissance et la soif de jouissance.

❸ *Sattva* : les vagues du lac de l'esprit cessent de s'agiter et l'eau redevient limpide.

LES TEXTES FONDAMENTAUX

La lecture des textes sacrés de l'Inde nous donne une idée des objectifs du yoga traditionnel et du sens de cette pratique afin de guider notre quête du bonheur et de la joie.

Les Veda (1500-800 avant J.-C.)

Au nombre de quatre, les *Veda* sont des recueils de prières, d'hymnes, de formules, se rapportant au sacrifice et à l'entretien du feu sacré (*veda* signifie le « savoir par excellence », la « science parfaite »).

La Baghavad-Gita (1er siècle avant J.-C.)

Ce livre évoque le yoga à travers la description du chemin d'Arjuna qui, désorienté, a perdu le sens de son action, mais retrouvera sa raison de vivre grâce à Krishna, en s'harmonisant avec l'Univers. L'image centrale de ce texte représente un char tiré par quatre chevaux emballés, symbolisant quatre forces : l'intellect, l'intuition, la sensibilité et la sensualité. Il s'agit de maîtriser ces chevaux sauvages tout en sachant que c'est Krishna qui tient les rênes, sinon l'être retombe dans les quatre *kleshas* (ignorance, sens de l'ego, désir, peur de la mort). La *Baghavad-Gita* est donc un art de vivre comme un art de mourir.

Les Upanishad (700-300 avant J.-C.)

Les *Upanishad* parlent de l'expérience des *rishi* de la vie intérieure. Ils se présentent eux-mêmes comme des supports menant à une réalité supranaturelle. Le terme *Upanishad* se traduit par « équivalence » ou par « être assis auprès de ». *Upanishad* désigne un enseignement oral reçu auprès d'un maître. Cet enseignement insiste sur l'équivalence entre l'âme individuelle (*atman*) et la création de l'Univers (*brahman*) et sur l'équivalence entre le microcosme et le macrocosme. Au nombre de 108, ces écrits constituent la partie philosophique des *Veda*.

Les Yoga-Sutra de Patanjali (IVe siècle avant J.-C.)

Ces textes constituent une vision rigoureuse de la pratique du yoga grâce à une classification en huit parties, huit membres (*ashtanga*), présentés sous forme d'aphorismes.

Le Hatha-Yoga Pradipika

Ce traité expose toutes les pratiques et les conceptions propres au hatha yoga. Ces textes nous montrent que nous avons en nous de quoi répondre à nos misères et à nos inquiétudes : ils nous donnent les raisons du désarroi de notre mental, nous permettent de trouver le chemin intérieur, le chemin du cœur qui brille en nous, celui de la lumière qui ne demande qu'à éclairer notre route. Ils nous parlent de l'importance de la vie quotidienne dans le chemin du yoga et nous disent que tout est douleur ou joie selon l'état du mental et que, lorsque la lumière intérieure est découverte (se recentrer), cette lumière est présente en toute chose (présence de l'*atman*). Enfin, ils nous déconseillent de nous attacher aux pouvoirs développés par la pratique du yoga. La voie choisie dépendra alors des imperfections dont l'individu est affligé au départ, des énergies qui sont en lui et dans lesquelles il peut puiser, et de ce qui prédomine en lui (activité intellectuelle, consciente, besoin de travail et de discernement, aspirations affectives, soif d'ascèse ou d'absolu…). À chacune de ces catégories correspond l'un des yogas principaux vers lequel on s'oriente en fonction de son état présent et de son évolution.

LES 8 PILIERS DU YOGA

Pour mieux comprendre la position du yoga dans l'histoire de la pensée indienne, il faut partir des *Yoga-Sutra*, le traité de Patanjali, composé de 185 courts aphorismes[1] répartis en quatre chapitres.

1. **Le *Damadhi Pada*** donne des définitions du yoga : « Le yoga est la cessation de l'agitation de l'esprit alors que la conscience est rétablie dans sa propre forme » ; « le yoga est le moyen d'arrêter le cours des modifications mentales » ou encore « c'est le moyen de supprimer les fluctuations de la conscience ».

2. **Le *Sadhana Pada*** expose les moyens pour amener le corps, la force bioénergétique, les sens et le mental sous contrôle.

3. **Le *Vibhuti Pada*** traite des pouvoirs qui traversent la vie du yogi dans sa quête.

4. **Le *Kaïvalya Pada*** (aboutissement de l'évolution) parle de la libération finale et précise le concept de *chitta*.

Le deuxième chapitre, *Sadhana Pada*, expose les moyens à suivre pour arriver au but final. Ces *ashtangas* (« piliers », « membres »), sont au nombre de huit : les *yamas* et les *niyamas* (disciplines morales, conduites individuelles et styles de vie), la pratique des *asanas* (postures), les *pranayamas* (exercices de respiration), le retrait des sens, la concentration, la méditation, et enfin *samadhi* (l'état de supra-conscience).

Patanjali n'est ni le créateur de la « philosophie » yoga, ni l'inventeur des techniques yogiques. Dans les *Yoga-Sutra*, il dit clairement exposer

---

1. La *Bhagavad-Gita* expose également le but du yoga, notamment dans le dialogue entre Krishna et Arjuna.

un ensemble « de pratiques ascétiques et de recettes contemplatives que l'Inde connaissait depuis des temps immémoriaux[2] ». Parmi les techniques conservées par la tradition, il n'a retenu que celles vérifiées par une expérience séculaire, s'adressant aux personnes de son époque et de son pays, c'est-à-dire aux Indiens du IVe siècle avant notre ère. Il faut donc tenir compte des changements intervenus depuis, tant sur le plan physiologique que psychologique, et surtout ne pas essayer de « plaquer » une certaine forme de yoga sur les personnes qui ne sont pas prêtes.

Les 8 piliers

1. *Yamas* : comportement, discipline
2. *Niyamas* : comportement, discipline
3. *Asanas* : postures
4. *Pranayamas* : contrôle rythmique de la respiration
5. *Pratyahara* : retrait des sens
6. *Dharana* : concentration
7. *Dhyana* : méditation
8. *Samadhi* : état de supra-conscience

2. Mircea Eliade, *Yoga, immortalité et liberté*.

Les postures

LES CLÉS POUR BIEN RÉALISER LES POSTURES

Une posture de yoga (*asana*) peut être définie comme une position corporelle vécue longtemps, dans l'immobilité, dans l'aisance (mais avec fermeté), avec une respiration tranquille et une attention focalisée (concentration) sur certains points précis (prise de conscience).

Les postures proposées en yoga ne sont pas le fruit du hasard et s'inscrivent dans la structure de la séance, dont les différents éléments sont le rythme respiratoire, la préparation (prise de conscience, observation), le choix des postures et de leur enchaînement, les exercices de concentration et de relaxation.

Aisance et fermeté : sukha et sthira

La sensation d'aisance est importante dans la pratique du yoga, que ce soit avant ou pendant la posture, car elle permet l'élongation des muscles décontractés. En effet, pendant les exercices de yoga, les muscles doivent être détendus et relâchés tout en étant étirés. Cette aisance va de pair avec la lenteur de l'exécution : l'étirement lent, progressif, continu, aide à reculer la limite d'élasticité du muscle.

Cette douceur dans l'exécution des gestes est toujours soutenue, dans la pratique du yoga, par la notion de fermeté (que ce soit dans le respect d'un nombre de respirations à « tenir » par posture, dans la construction d'un emploi du temps ou d'un programme de séances).

L'immobilité

Tout en veillant à la décontraction musculaire et à l'aisance, la posture doit être installée dans une parfaite immobilité. Cela permet non seulement de respirer plus calmement, mais surtout d'observer les éléments qui participent à la posture de yoga : il est beaucoup plus facile d'observer dans l'immobilité que dans le mouvement, du moins pour des personnes peu habituées au travail corporel.

L'immobilité dans la posture est ce qui permet aux muscles de se détendre pendant la phase d'étirement. En plus de favoriser le relâchement, l'immobilité favorise l'observation des sensations musculaires, qui deviendra de plus en plus profonde au fur et à mesure de la pratique.

Le temps

Le tourbillon de la vie ordinaire où tout va vite, où le temps de chacun est compté, doit cesser sur le tapis de yoga. Arrivé dans la salle de yoga, il faut déjà prendre le temps de se changer, de s'installer, même si on est en retard de quelques minutes et que les autres participants ont commencé leurs exercices préparatoires.

La notion de temps intervient aussi durant la séance : il faut prendre le temps de s'installer lentement dans la posture, de la vivre longtemps et de la faire suivre par une détente, pour bénéficier de tous les effets produits. Selon les maîtres, les écoles, les courants, le temps est très variable et peut aller d'une à quinze minutes (voire parfois trente minutes) par posture. Ce qui importe, c'est cette notion fondamentale qui caractérise le yoga : vivre longtemps une posture dans l'immobilité.

La respiration

La respiration conditionne l'énergie vitale de tout individu, ainsi que ses émotions. Pourtant, elle est courte et saccadée chez la plupart des gens. Pour réapprendre à avoir une respiration ample et profonde, on met d'abord l'accent sur la connaissance des différentes respirations : abdominale, costale, sous-claviculaire et complète (dite aussi cosmique, voir pages 58-60).

Pendant la pratique du yoga, il est important de ne pas bloquer sa respiration et de vivre la posture avec une respiration « normale » (sauf en cas d'exercice spécifique donné par le professeur). Comme tout est lié dans la pratique du yoga, une respiration bloquée pourrait créer des tensions. Un ventre dur et une cage thoracique étriquée sont des obstacles à une bonne ventilation, et c'est pourquoi la relaxation, les exercices respiratoires et les postures ne pourront que favoriser le développement harmonieux de la respiration.

Enfin, il ne faut pas seulement concevoir la respiration comme un apport d'oxygène et un rejet de gaz carbonique, mais aussi comme le véhicule privilégié de l'énergie cosmique (*prana*) pouvant être plus tard guidée et maîtrisée grâce aux *pranayamas*.

La concentration

C'est un des traits fondamentaux de la pratique du yoga. Se concentrer, c'est rassembler ses facultés pour observer les points suivants : une technique correcte, une respiration calme et harmonieuse, une prise de posture lente et uniforme, une immobilité détendue, la partie du corps sollicitée pendant le travail... L'attention sera aussi portée sur l'état dans lequel on se trouve avant la posture (détente, respiration...) et après la posture. On observera également son état en début et en fin de séance, habitude qui pourra être élargie à tout moment de la journée, avant, pendant et après tous les actes de la vie quotidienne.

La prise de conscience

La plupart des gens n'habitent pas leur corps et n'y prêtent attention que lorsqu'il donne des signes de faiblesse, de fatigue ou de maladie. Pourtant, nous avons à notre disposition une merveilleuse mécanique vivante, et il ne tient qu'à nous d'en prendre conscience.

La relaxation permet de ressentir davantage son corps. Petit à petit, cette observation ira en s'affinant, jusqu'à prendre conscience de sa respiration, de ses muscles, de ses ligaments, de ses organes...

Les caractéristiques d'une bonne posture

1. Prohibition de la douleur.
2. Considération de la posture non pas comme un but, mais comme un moyen.
3. Installation lente dans la posture.
4. Visualisation de la posture avant de la réaliser.
5. Immobilité apparente de la posture.
6. Respiration consciente, calme, domestiquée.
7. Concentration sur un point particulier.
8. Équilibre entre douceur et fermeté.
9. Étirement et renforcement musculaire.
10. Sensation d'unité, de globalité.
11. Intérêt énergétique.
12. Équilibre du tonus.
13. Adaptation à la personne.
14. Lenteur pour quitter la position.
15. Écoute des effets produits.

LA RELAXATION ÉCLAIR

- Allongez-vous sur le sol. Si vous en éprouvez le besoin, n'hésitez pas à placer un coussin sous vos cuisses, de façon à décambrer le bas du dos, et sous votre tête.
- Portez votre attention sur toute la face postérieure de votre corps, des talons jusqu'à l'arrière de la tête. Lâchez prise comme si vous vouliez laisser votre corps s'étaler sur le sol.
- Votre respiration est calme, tranquille. Vous vous abandonnez.

POSTURE DE LA CHANDELLE

- Allongé sur le dos, les genoux fléchis, les pieds légèrement écartés, les bras le long du tronc et les paumes sur le sol, soulevez doucement les fessiers pour placer un coussin au niveau du bas du dos.
- Amenez les cuisses vers le ventre, jambes vers le haut. Fermez vos poings et placez-les sous le bas de votre dos, puis décollez tranquillement les fessiers en plaçant toujours les mains dans le bas du dos. Surtout, ne forcez pas, vous devez être à l'aise dans la posture.
- Si vous pouvez continuer, allongez les jambes vers le plafond, et descendez les mains vers les omoplates pour redresser le dos.
- Restez une dizaine de respirations dans la posture et enchaînez sur la suivante.

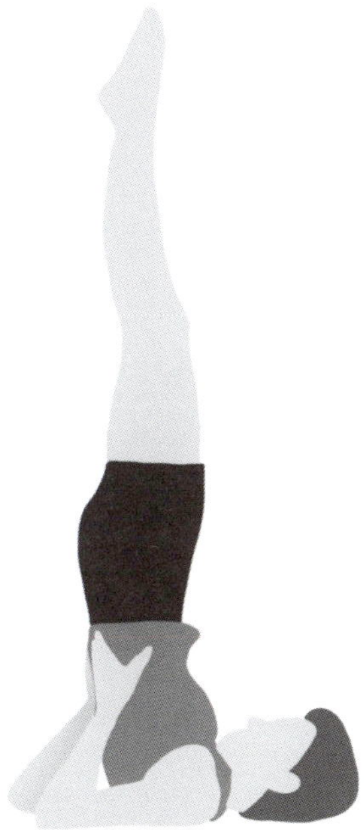

POSTURE DE LA CHARRUE

- L'installation dans cette posture se fait à partir de la posture précédente. Une fois en posture de la chandelle, laissez descendre les jambes vers le sol, pieds vers l'arrière.
- Vous pouvez garder les genoux fléchis ou bien tendre les jambes, orteils en flexion ou en extension.
- De même, les mains peuvent être maintenues dans le bas du dos, tendues vers les pieds (épaules détendues), ou bien vers l'avant.
- Pour revenir, déroulez tranquillement votre colonne vertébrale, mains posées sur le sol afin de ralentir le mouvement.
- Restez une dizaine de respirations dans la posture puis observez un temps de relaxation.

POSTURE DE LA PINCE

- En position assise, pieds bien à plat sur le sol et genoux fléchis, venez placer vos mains sous vos cuisses. Dans cette position, vous allez pouvoir étirer votre dos, en veillant bien à garder le menton légèrement rentré, le sommet du crâne vers le ciel et les épaules basses.
- Inclinez votre buste vers l'avant de manière à venir plaquer le ventre contre les cuisses.
- Allongez doucement vos jambes en fonction de vos possibilités, en gardant le dos bien étiré. Fléchissez le cou et faites glisser les mains vers les pieds, coudes vers le sol. Dans la posture, abandonnez-vous à la pesanteur. Relâchez le cou et les épaules.
- Restez une dizaine de respirations dans la posture, puis observez un temps de relaxation.

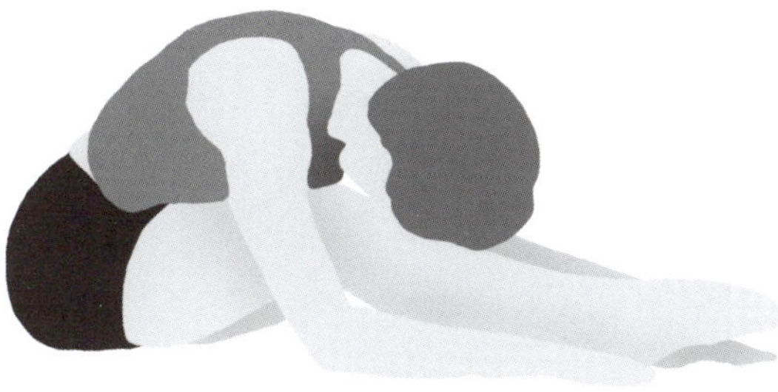

POSTURE DU DEMI-ARC

- Allongé sur le dos, les genoux fléchis, pieds bien à plat sur le sol, les jambes écartées de la largeur des hanches, les bras le long du tronc.
- Basculez le bassin vers le visage puis décollez tranquillement les fessiers et le bas du dos. En même temps, amenez en inspirant les bras de chaque côté des oreilles, dans le prolongement du tronc, puis restez un petit temps poumons pleins dans la posture.
- En expirant, revenez en position initiale. Reposez doucement votre dos et ramenez vos bras vers l'avant.
- Répétez le mouvement 3 fois, puis restez une dizaine de respirations dans la posture. Observez ensuite un temps de relaxation avant de passer à la posture suivante.

POSTURE DE TORSION

- En position assise, allongez la jambe droite et fléchissez le genou gauche. Posez votre main gauche au sol et votre main droite sur votre genou (ou enrobez-le avec votre coude droit) pour redresser votre colonne vertébrale.
- Selon votre préférence, gardez la main gauche au sol ou bien venez la placer au niveau de la hanche pour tirer votre coude vers l'arrière de façon à ouvrir les épaules. Accentuez la rotation en tournant votre tête et votre regard vers la gauche, en restant dans l'aisance.
- En inspirant, ouvrez votre cage thoracique. En expirant, redressez votre colonne vertébrale.
- Restez quelques respirations dans la posture, puis inversez la position des bras et des jambes.

Les enchaînements

LES DIFFÉRENTS SENS DE LA COLONNE VERTÉBRALE

Position de départ

→ *Expiration*

Debout, les pieds parallèles, écartés de la largeur des hanches, le bassin en position neutre, le sommet du crâne poussé vers le haut. Les épaules sont basses, détendues, les bras le long du corps.

Position 1

→ *Inspiration*

Venez placer les doigts derrière la nuque, avec un mouvement de bras circulaires, ample et lent. On va retrouver cette position entre chaque étape de l'enchaînement.

Position 2

→ *Expiration*

Inclinez latéralement le buste à droite. Veillez à bien garder le bassin fixe (hanches alignées). Pour augmenter l'étirement du flanc, poussez le coude gauche vers le haut.

→ *Inspiration*

Revenez en position 1.

→ *Expiration*

Mêmes consignes que précédemment, mais cette fois avec une inclinaison latérale vers la gauche.

→ *Inspiration*

Revenez en position 1.

Position 3

→ *Expiration*

Réalisez une rotation du buste vers la droite. Dans un premier temps, gardez le bassin fixe (seul le buste est sollicité). Dans un second temps, laissez le bassin tourner vers la droite, de manière à solliciter toute la chaîne latéro-postérieure droite.

→ *Inspiration*

Revenez en position 1.

→ *Expiration*

Mêmes consignes que précédemment, mais cette fois avec une rotation du buste vers la gauche.

→ *Inspiration*

Revenez en position 1.

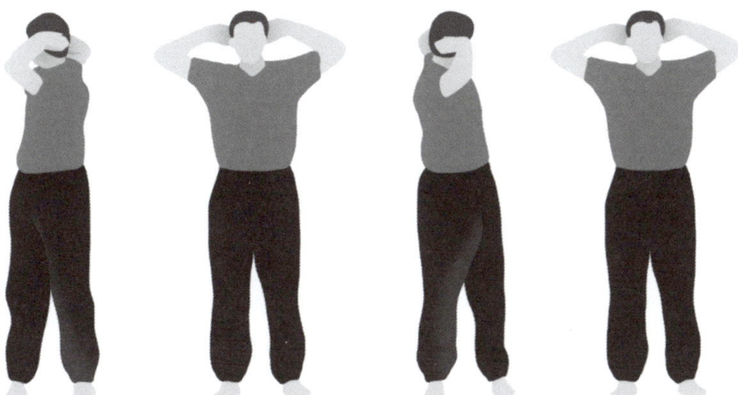

Positions 4 et 5

→ *Poursuite de l'inspiration*

Pivotez tout le corps de 90° vers la droite. Décollez les orteils du pied droit. Tirez les coudes vers l'arrière, puis ouvrez la poitrine, menton vers le haut.

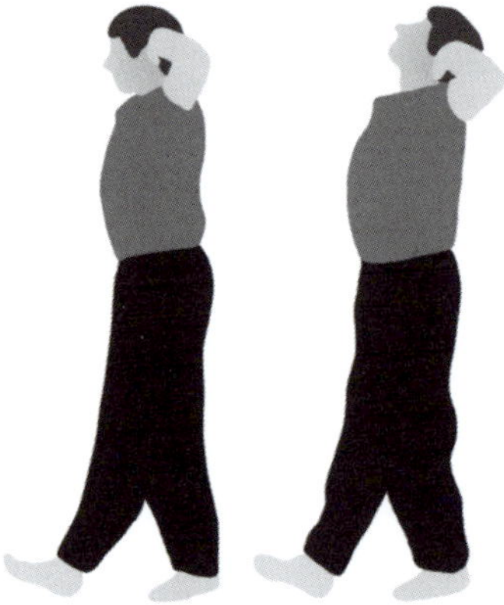

Positions 6 et 7

→ *Expiration*

Inclinez le tronc, dos droit, cou dans son prolongement. Le genou gauche fléchi, poussez les fesses vers l'arrière, le sommet du crâne vers l'avant. Inclinez le dos et le cou et rapprochez les coudes des genoux (ventre vers les cuisses, front vers les genoux).

Positions 4 et 5

→ *Inspiration*

Revenez en position 1.

→ *Poursuite de l'inspiration*

Mêmes consignes que précédemment, mais cette fois en pivotant vers la gauche.

Positions 6 et 7

→ *Expiration*

Inclinez le tronc, dos droit, et rapprochez les coudes des genoux.

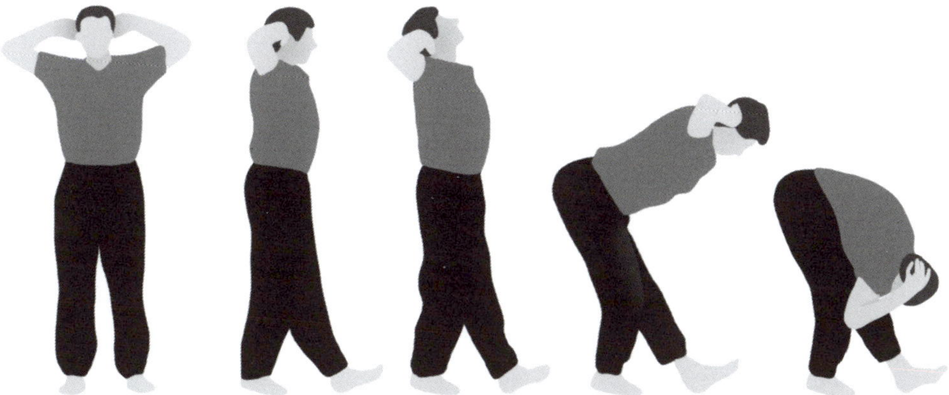

Fin de séance

→ *Inspiration*

Revenez en position 1.

→ *Expiration*

Étirez-vous, les doigts croisés, paumes tournées vers le haut, bras tendus de chaque côté des oreilles.

→ *Inspiration*

Restez dans la même position en poussant les paumes vers le haut.

→ *Expiration*

Croisez les bras pour fermer la cage thoracique, rentrez le ventre et fléchissez le cou, menton vers la gorge.

→ *Inspiration*

Revenez dans la position de départ et écoutez les effets produits.

UNE SALUTATION AU SOLEIL

Posture de la prière

→ *Expiration*

En position debout, dos droit, pieds joints fermement ancrés au sol et sommet du crâne poussé vers le ciel (menton légèrement rentré dans la gorge, regard parallèle au sol). Les paumes sont jointes en prière et placées au niveau du cœur, avant-bras parallèles au sol. Les épaules sont basses et détendues.

Posture de la demi-lune

→ *Inspiration*

Placez une paume vers la terre, l'autre vers le ciel, et fléchissez légèrement les genoux.

→ *Expiration*

Inclinez le buste d'un côté.

→ *Inspiration*

Revenez et inversez la position des bras.

→ *Expiration*

Inclinez le buste de l'autre côté.

Posture d'ouverture des mains vers le ciel

→ *Inspiration*

Revenez, puis levez les deux bras de chaque côté des oreilles, écartez-les et étirez-les vers le ciel. Pendant tout le mouvement d'étirement et d'ouverture, le bassin reste en position neutre.

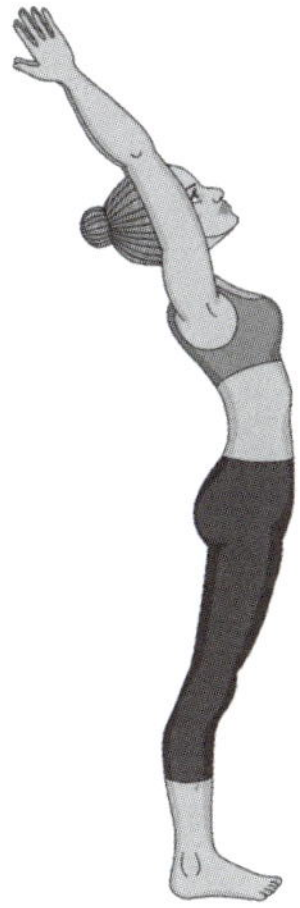

Posture des mains aux pieds

→ *Expiration*

En gardant les deux bras tendus de chaque côté des oreilles, inclinez le dos vers l'avant en le maintenant droit. Amenez les mains vers les pieds, au niveau des chevilles, et approchez le buste des cuisses et la tête des genoux. En fonction de vos possibilités, vous pouvez tendre les jambes ou bien plier les genoux.

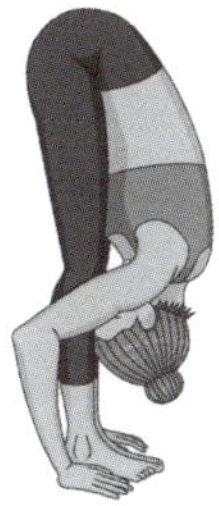

Posture du guerrier

→ *Inspiration*

Les mains toujours de part et d'autre des pieds, fléchissez le genou gauche tout en amenant le pied droit le plus loin possible vers l'arrière, en fente. Puis, joignez les deux mains au-dessus de votre tête.

Posture du chien

→ *Expiration*

Placez vos deux mains de chaque côté du pied gauche puis amenez le pied gauche près du pied droit. Dans un premier temps, fléchissez légèrement les genoux de façon à pouvoir pousser les fesses vers le haut et vers l'arrière. Lorsque votre dos et bien étiré, poussez les talons vers le sol.

Posture du chat

→ *Inspiration*

Posez les deux genoux au sol afin de vous retrouver en position quadrupédique, les cuisses et les bras perpendiculaires au sol.

→ *Expiration*

Faites le dos rond en rentrant bien le ventre et le menton.

→ *Inspiration*

Enchaînez sur le dos creux, menton vers le plafond.

→ *Expiration*

Poussez les fesses vers les talons, orteils en flexion ou en extension, le front au sol et les doigts posés loin vers l'avant, dans la posture du chat qui s'étire.

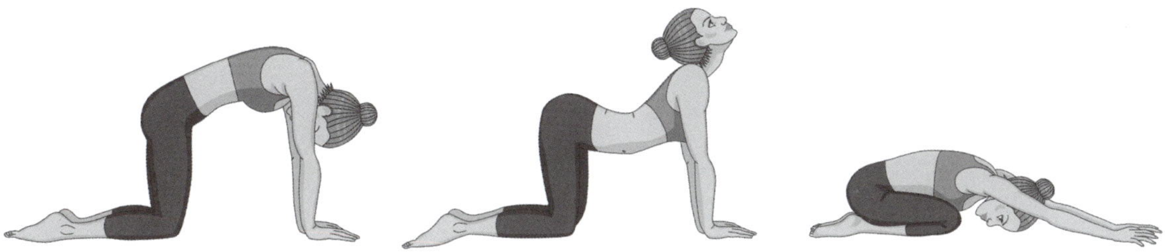

Posture du cobra

De la position précédente, en gardant les mains à la même place, faites glisser votre menton et votre poitrine au ras du sol. Si vous ne pouvez pas réaliser cette reptation, fléchissez les coudes après la position quadrupédique, puis allongez les jambes.

→ *Inspiration*

Amenez les mains au niveau des épaules, et relevez le tronc en extension. Rentrez le menton dans la gorge, poussez le sommet du crâne vers l'avant, tirez les paumes vers l'arrière, comme pour les faire glisser sur le sol, mais sans qu'elles ne bougent réellement.

→ *Rétention, poumons pleins*

Pour revenir à la position du chat qui s'étire, mettez les coudes à la place des mains et, en appui sur les avant-bras, poussez les fesses vers le haut et vers l'arrière pour les ramener sur vos talons.

Posture du chien

--> *Expiration*

Poussez les fesses vers le haut et vers l'arrière en allongeant les jambes. Une fois l'étirement du dos bien installé, tendez les jambes en poussant les talons vers le sol.

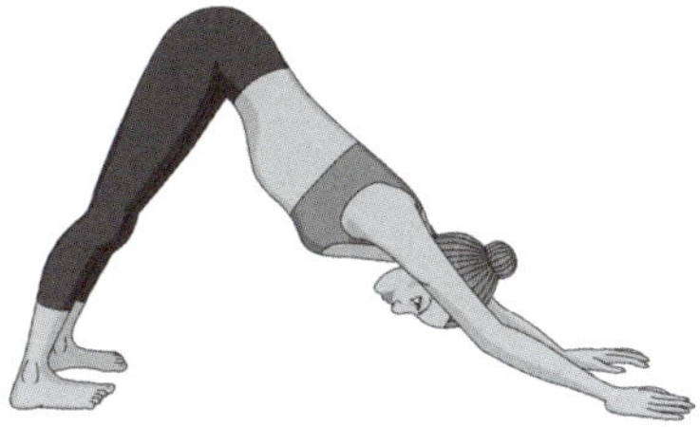

Posture du guerrier

--> *Inspiration*

Avancez le pied gauche, de manière à venir le poser entre les deux mains, genou fléchi. La jambe droite est étirée le plus loin possible en arrière. Joignez les deux mains au-dessus de la tête en posture du guerrier.

Posture des mains aux pieds

→ *Expiration*

Revenez tranquillement en posture quadrupédique, puis tendez vos jambes et ramenez les mains vers les pieds. Les mains peuvent être posées au sol ou placées derrière les chevilles (genoux fléchis si nécessaire).

→ *Inspiration*

Pour remonter, vous pouvez dérouler doucement le dos, genoux fléchis, bras ballants, épaules détendues, en vous grandissant au maximum.

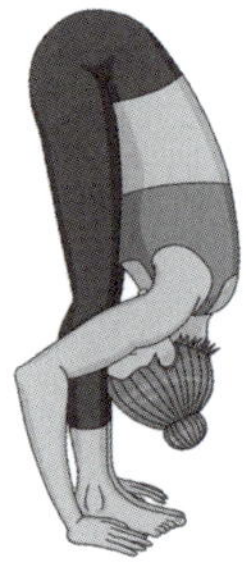

Posture d'ouverture des mains vers le ciel

→ *Poursuite de l'inspiration*

Levez et étirez les bras vers le ciel, paumes et regard tournés vers le haut. Continuez de pousser les paumes vers le ciel tout en réalisant une extension du dos. Pendant tout le mouvement d'étirement et d'ouverture, le bassin reste en position neutre.

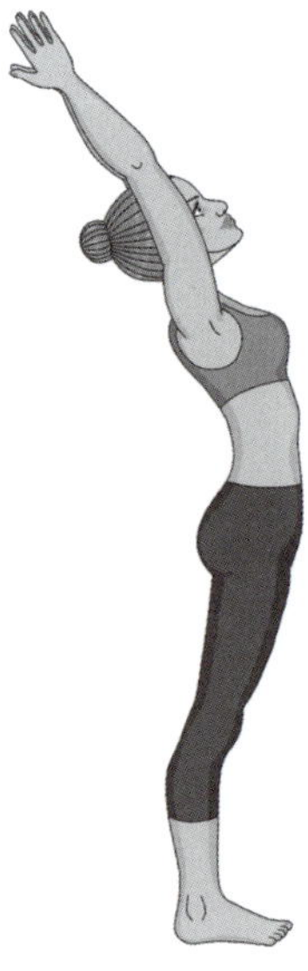

Posture de la prière

→ *Expiration*

Terminez comme vous avez commencé, en position debout, dos droit, les mains en prière.

Les exercices de respiration

LA CIRCULATION DE L'ÉNERGIE

Indispensable à la connaissance de la pratique du yoga, les *pranayamas* constituent une véritable science de la « circulation de l'énergie grâce à une rythmique respiratoire ». Si cette conception du vivant peut paraître farfelue, essayez de vous imaginer en 1850, dans une pièce close présentant un petit objet sur un de ses murs : à chaque fois que vous exercez une pression dessus, un autre objet en verre, situé au milieu du plafond, produit une sorte d'éclair dont la clarté est comparable à celle du jour. Vous n'auriez pas compris par quelle magie le fait de presser ce petit morceau de métal peut produire une telle lumière, n'est-ce pas ? Depuis l'invention de l'électricité, vous n'êtes plus étonné, bien sûr, que la lumière arrive « comme par enchantement ». Le geste est devenu tellement habituel que vous ne pensez ni aux fils électriques qui relient l'interrupteur à l'ampoule, ni à ceux qui doivent nécessairement relier la pièce à un générateur, lui-même relié à une centrale.

Pour appréhender la notion d'énergie, il suffit de faire un tout petit effort d'imagination et de comparer l'énergie de l'Univers, qui produit la vie, à une grosse centrale électrique. Elle est imprégnée de *prana*, le souffle vital, la force de vie. Chaque individu a dans son « véhicule corporel » plusieurs petits générateurs, les fameux *chakras*, desquels partent des fils électriques, les *nadis*. Et comme on le fait aisément aujourd'hui grâce aux lampes halogènes, l'intensité lumineuse peut être réglée en fonction des besoins. Grâce aux respirations rythmées et à leur intensité, on peut régler à volonté cette « ambiance » énergétique. Ce sont les différentes « techniques » de *pranayama* qui vont faire circuler le *prana* à travers les *nadis* (les canaux d'énergie).

Cette notion d'énergie n'a pas été développée qu'en Inde. On la retrouve dans toutes les civilisations, sous des appellations différentes : *Qi* en Chine, *ki* au Japon, *pneuma* chez les Grecs, *mana* chez les Pascuans (habitants de l'île de Pâques)... Les pythagoriciens avaient conscience de cette puissance invisible qu'ils nommaient le « corps lumineux » alors que, pour les Pères de l'Église, ce corps transfiguré porte le nom de « corps glorieux »... Que ce soit au Mexique, en Afrique, au Tibet ou en Égypte, on retrouve partout cette notion d'énergie.

En yoga, ce souffle vital porte le nom de *prana* et peut être maîtrisé grâce à des exercices de contrôle rythmique du souffle et du mental appelés *pranayamas*. La maîtrise du souffle-énergie est une véritable science, nécessitant un apprentissage progressif lent, ainsi que beaucoup de rigueur et de précision. Grâce aux *pranayamas*, l'énergie cosmique est captée et transformée dans des centres d'accumulation d'énergie, ou espaces vibratoires, appelés *chakras* (littéralement « roue, cercle »). Quant à la circulation du *prana*, elle se fait à travers des sortes de canaux, les *nadis*, vaisseaux faisant partie d'un réseau ayant des ramifications dans tout le corps. Cette circulation d'énergie sera facilitée, en plus des exercices de *pranayama*, par les postures (diminution des blocages) et le travail de méditation, en particulier l'observation du souffle.

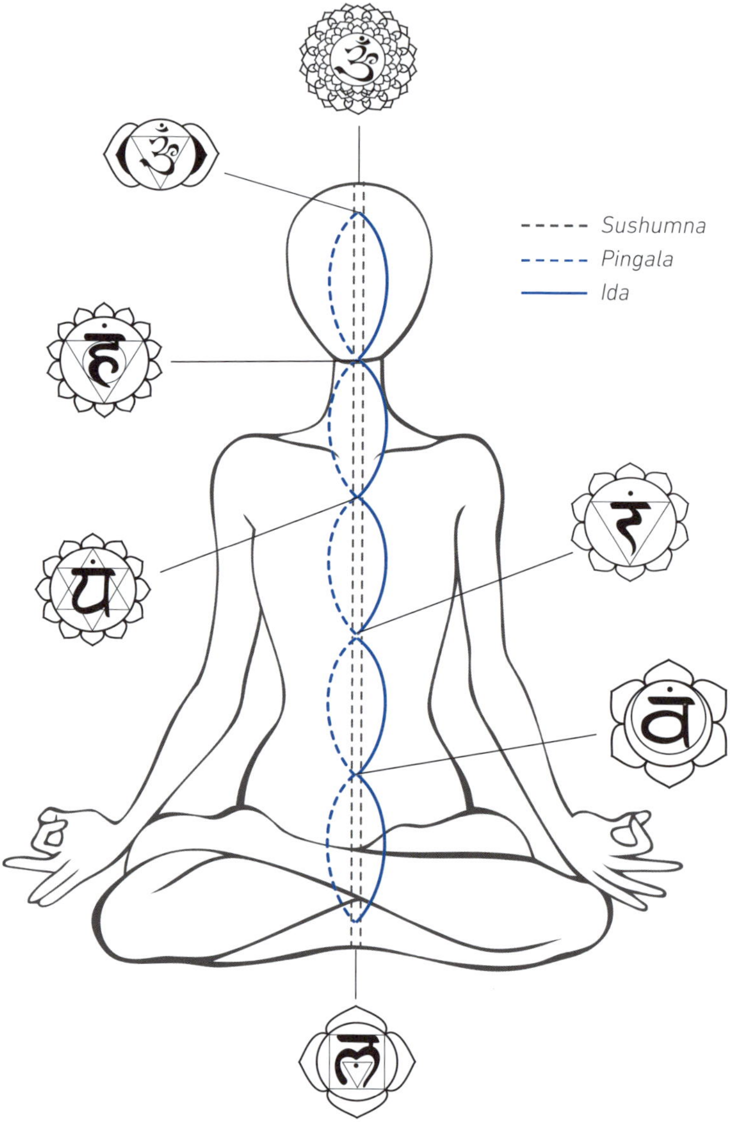
Sushumna
Pingala
Ida

Les trois nadis majeurs

Les trois *nadis* majeurs se nomment *sushumna*, *ida* et *pingala*. Chacun de ces circuits a un champ d'application, une fonction précise.

1. *Sushumna* va du cervelet à la base de la colonne vertébrale (au plexus sacré). Ce canal d'écoulement d'énergie est localisé dans la moelle épinière (canal de l'épendyme). C'est par ce conduit que l'énergie cosmique pénètre dans le corps.
2. *Ida* et *pingala* sont les canaux de distribution du *prana* négatif (*ida*) et positif (*pingala*). Le faisceau lunaire va du poumon gauche à la partie gauche du cœur (*ida*) et le faisceau solaire (*pingala*) part du poumon droit et aboutit à la partie droite du cœur.

Cette connaissance des trois *nadis* majeurs permet une meilleure utilisation des *pranayamas* dans la mesure où le courant pranique passe alternativement : par la narine droite sous forme de *prana* positif dans *pingala*, par la narine gauche sous forme de *prana* négatif dans *ida*.

À l'interaction des *nadis* se situent des espaces vibratoires, sortes de centres énergétiques, appelés *chakras*. Ces centres sont en rapport étroit avec la santé physique et mentale de chacun et son évolution personnelle (les 7 chakras correspondent à 7 états de conscience). Grâce aux *pranayamas*, l'énergie captée à travers les *nadis* vient se mettre sur le même plan vibratoire que le *chakra* visé. Pour mieux contrôler ces *chakras*, on utilise des *mantras* (prononciation d'une syllabe « germe » qui détermine l'ambiance vibratoire du *chakra*) et des *mandalas* (dessins géométriques représentant les *chakras*).

LES CHAKRAS

Sahasrara chakra

Ce chakra, situé sommet du crâne, permet de s'ouvrir à l'infini et d'atteindre l'état de super conscience *samadhi*. Son *mandala* est représenté par un cercle entouré de mille pétales (mille *nadis* prennent naissance à cet endroit). C'est le siège des facultés mentales, de la sensibilité, de l'intelligence et de la volonté.

Ajna chakra

Ce chakra se situe au niveau de la glande hypophyse. Son *mandala*, qui a la forme d'un cercle orné de deux pétales, contient les lettres HA et THA, respectivement symbole de la lumière solaire (énergie positive) et de la lumière lunaire (énergie négative). *Ajna*, ayant un pouvoir modulateur sur les systèmes nerveux, commande les fonctions physiques qu'il coordonne avec les fonctions intellectuelles et psychiques. Il est dit que celui qui peut se concentrer sur *ajna* parvient à dissoudre le *karma* causé par ses vies passées et à obtenir ainsi la libération.

Vishuddha chakra

Ce *chakra* aux 16 pétales (16 *nadis* partent de ce centre) est situé à la base de la gorge. La concentration sur ce centre énergétique permet de développer le pouvoir de la parole. La glande endocrine en correspondance avec la thyroïde produit la thyroxine qui intervient dans la croissance et le métabolisme.

Anahata chakra

Il se situe à l'endroit du plexus cardiaque et régit l'émotivité, la sentimentalité et le courage. La concentration sur ce chakra permet une ouverture aux autres et développe le rayonnement d'amour. Ses douze pétales laissent penser qu'il y aurait une correspondance avec les douze méridiens de la circulation d'énergie dans le corps (en particulier les circuits du cœur, des poumons et le maître du cœur sont régis directement par ce centre). À l'intérieur du *mandala*, « l'étoile de David », symbolise la puissance cosmique (énergies mâle et femelle). L'action d'*anahata* sur les méridiens (et donc la fonction des organes) fait de ce *chakra* le siège de l'expression de soi.

Manipura chakra

Ce chakra se situe dans la *nadi sushumna* au niveau du nombril. Il contrôle les fonctions hépatiques, gastriques et est l'accumulateur des énergies provenant des autres *chakras*. Étincelant comme un joyau, l'élément feu y est prédominant et permet l'expression et la conscience de la vitalité physique (c'est le *hara* où est accumulé le *ki*, la conscience-énergie pour les Japonais). La concentration sur ce centre augmente le pouvoir d'autoguérison, la vitalité, grâce à l'apport pranique des respirations abdominales.

Svadhisthana chakra

Il est situé à la racine de l'organe génital et domine la partie intérieure de l'abdomen. Ce chakra reçoit le *prana* d'origine alimentaire qu'il redistribue ensuite (nous voyons là l'importance d'une alimentation saine et bien équilibrée). La respiration complète (dite aussi cosmique, voir page 60) améliore le bon fonctionnement des éléments dépendant de ce centre. Une relaxation existe entre les *chakras*, et le lien avec *manipura* (énergie), *muladhara* (sexualité) et *anahata* (émotivité) démontre l'influence de la diététique sur tous nos comportements.

Muladhara chakra

De *mula*, « racine », et *adhara*, « support », ce chakra est situé à la base de la colonne vertébrale, entre l'anus et les organes génitaux. Ce centre est la racine du *nadi sushumna*, et rencontre aussi *ida* et *pingala*. C'est dans ce *chakra* que siège la *kundalini* qui distribue son énergie dans les autres centres et qui, lorsqu'elle s'éveille, vient s'éclater en *sahasrara chakra* par l'intermédiaire d'*ajna*, ces trois centres étant liés grâce au *nadi sushumna*, canal de transport pranique.

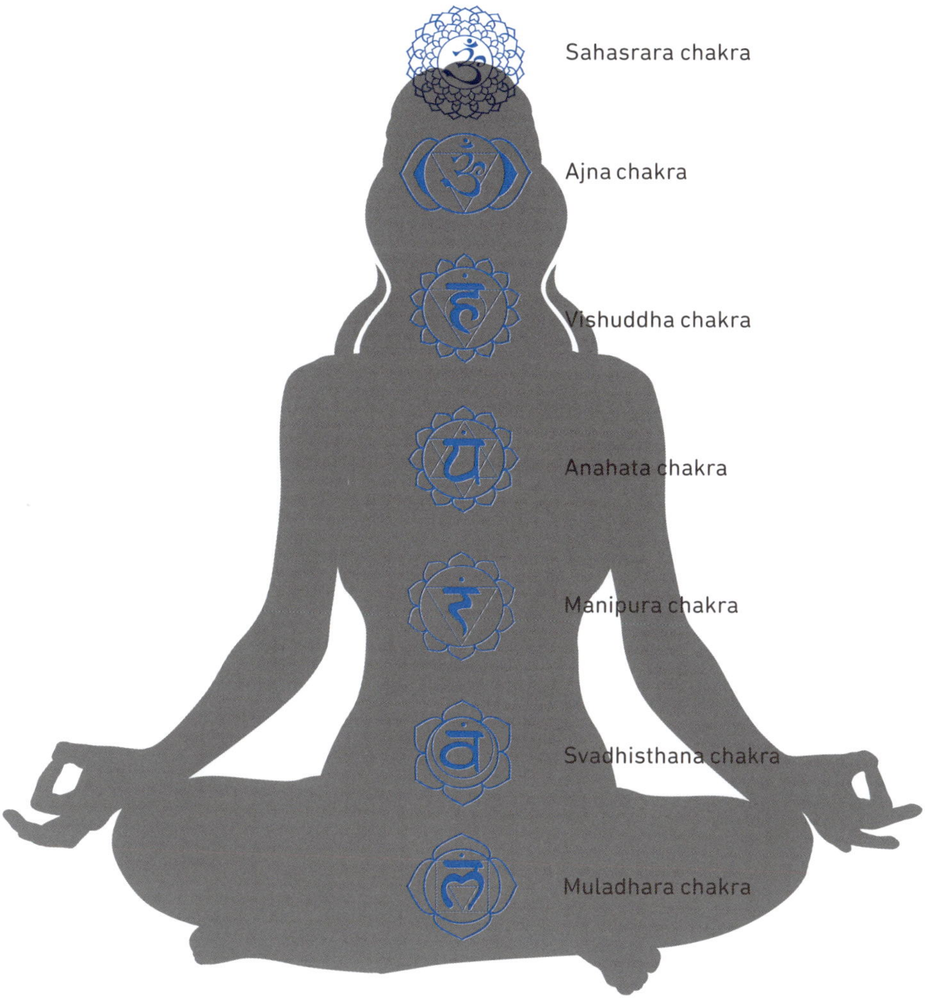
Sahasrara chakra
Ajna chakra
Vishuddha chakra
Anahata chakra
Manipura chakra
Svadhisthana chakra
Muladhara chakra

LES EXERCICES RESPIRATOIRES

La respiration abdominale

En position assise en tailleur, posez vos mains sur la région du bas-ventre, au niveau du nombril. À l'expiration, rentrez légèrement le ventre. À l'inspiration, gonflez-le (poussée du diaphragme). Effectuez ainsi plusieurs respirations lentes et profondes en vous concentrant sur la région située juste sous le nombril. Inspirez toujours par le nez, et expirez par le nez ou par la bouche. Pensez à bien étirer le dos pendant la respiration.

Les effets bénéfiques de cet exercice sont nombreux : il calme, détend, masse les viscères (facilitant ainsi la digestion), développe la vitalité grâce à l'apport d'énergie.

La respiration thoracique

Installez-vous comme pour l'exercice précédent, en plaçant cette fois les mains au niveau des côtes pour sentir toute l'amplitude possible de la cage thoracique.

Les doigts sont placés le long des flancs, pouces vers l'arrière. À chaque inspiration, la cage thoracique va s'ouvrir latéralement, et s'affaisser d'elle-même à chaque expiration. Il ne faut pas vouloir prendre trop d'air en gonflant sa poitrine vers le haut et l'avant.

Cet exercice favorise l'hématose (fixation d'oxygène sur l'hémoglobine des globules rouges), entretient la souplesse de la cage thoracique et l'élasticité des poumons.

La respiration sous-claviculaire

Placez maintenant le bout de vos doigts au-dessus de la poitrine, juste en dessous des clavicules. L'amplitude de cette respiration est plus faible puisque plus haute : le diaphragme ne joue aucun rôle dedans. En cas de difficulté à ressentir cette respiration sous-claviculaire, soulevez vos épaules à l'inspiration et relâchez-les à l'expiration.

Cet exercice permet d'oxygéner le haut des poumons et d'entretenir la souplesse de la ceinture scapulaire.

La respiration cosmique

Cette respiration englobe les trois niveaux de la respiration : respiration abdominale, thoracique et sous-claviculaire. Pour la réaliser, il faut pousser le diaphragme vers le bas au début de l'inspiration, puis continuer à inspirer en écartant les côtes, et enfin ventiler la zone sous-claviculaire.

Voici un enchaînement qui favorise cette respiration et permet de s'intérioriser, afin d'entrer progressivement dans un état de méditation. Assis en tailleur, les mains placées au niveau du nombril, commencez par inspirer dans la région abdominale comme si vous vouliez accueillir le souffle sur vos paumes. Poursuivez votre inspiration dans les flancs en écartant les avant-bras, coudes collés aux côtes, puis au niveau sous-claviculaire en levant les bras vers le haut, paumes jointes.

Expirez doucement, d'abord paumes jointes, puis vers les cuisses, tout en poussant le sommet du crâne vers le ciel (redressement et étirement du dos).

La respiration alternée

Toujours en position assise en tailleur, fléchissez l'index et le majeur droits et placez le pouce droit sur votre narine droite et l'annulaire gauche sur votre narine gauche.

Inspirez par la narine droite (narine gauche fermée par l'annulaire), puis fermez la narine droite avec le pouce droit, ouvrez la narine gauche et expirez. Inspirez alors par la narine gauche, puis refermez-la, ouvrez la narine droite et expirez. Inspiration narine droite – expiration narine gauche ; inspiration narine gauche – expiration narine droite ; etc.

Cette technique permet de calmer le mental et de maîtriser son énergie intérieure. Pendant ce pranayama, adoptez une posture à la fois ferme et agréable, les épaules détendues.

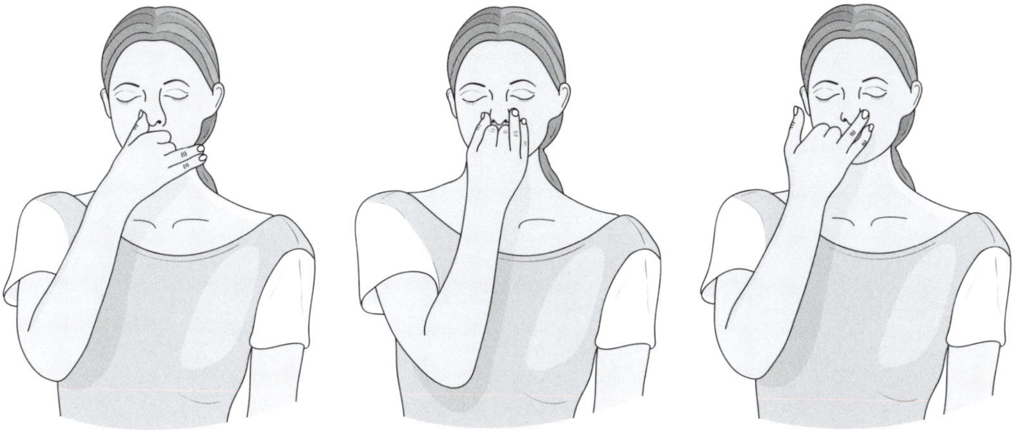

La méditation

COMMENT PRATIQUER ?

Nos sens sont constamment tournés vers l'extérieur, alors que notre mental est obnubilé par le passé (souvenirs) et le futur (projets). Vivre le moment « ici et maintenant » est tout un art ; et c'est ce que se propose de nous faire découvrir la méditation. Le mot « méditation » doit être compris dans son sens oriental et non dans son acceptation occidentale. En effet, méditer, en français, implique une action, une activité mentale. On médite sur la mort, sur le sens de la vie ou sur une question importante. En ce sens, méditer c'est concentrer son attention de façon exclusive pendant un temps donné sur un sujet précis. En Orient, la méditation n'est pas à proprement parler une activité, mais plutôt un « état d'être ». C'est un moment privilégié pour mieux percevoir la vie qui coule en nous et qui nous entoure.

La posture

Pour faciliter l'entrée dans cet état de paix intérieure et de quiétude, choisissez une posture à la fois ferme et agréable. « Ferme », car stable, fixe, assurée, solide (cela s'applique aussi bien au corps physique qu'au mental) ; « agréable » car la pratique du yoga se caractérise par le principe de relaxation dans l'effort. Dans la posture de méditation, le tonus musculaire doit être suffisant pour maintenir le dos droit, étiré, mais les épaules et les mâchoires doivent être détendues. Il faut donc être à l'écoute de soi pour bien différencier les tensions justes (c'est-à-dire adaptées à la situation) et les crispations « parasites » inutiles. Méditer signifie « retrouver son centre », c'est-à-dire le point de juste équilibre entre effort-fermeté et aisance-douceur.

Au début de la pratique, des tensions dans le dos, les jambes, les genoux et les chevilles pourront apparaître, et un dialogue tendre s'établira avec le corps. Il ne faut pas vouloir à tout prix « rester » dans la posture : l'aisance se développera avec la pratique.

L'objet de concentration

Une fois installé dans votre posture de méditation, portez votre attention sur un « objet de concentration » afin de focaliser le mental sur un point précis : observez le va-et-vient de la respiration ou de chaque partie du corps, fixez point précis sur le sol, la flamme d'une bougie, ou un dessin...

Avec l'entraînement, vous apprendrez à devenir un simple observateur impartial : « je respire », « j'observe le silence intérieur », « je vois défiler dans mon espace frontal, telle ou telle image », « telle pensée me vient », etc. Comme des nuages passant dans un ciel d'azur, vous laissez « passer » afin de se plonger dans un état de quiétude.

Pour pratiquer la méditation, portez des vêtements amples, permettant une grande aisance, et choisissez un lieu calme pour favoriser l'harmonie entre la vibration intérieure de l'être et la vibration cosmique.

L'état d'esprit

Voici quelques conseils pour pratiquer la méditation dans le bon état d'esprit.

- Soyez modéré en toutes choses : ne cherchez pas à rester « à tout prix » dans une posture, essayez au contraire d'établir un dialogue tendre avec vos muscles, votre mental.
- Apprenez à devenir un observateur impartial, sans porter de jugement de valeur, adoptez le rôle de témoin neutre qui se contente de noter, d'enregistrer tel ou tel phénomène (sensations diverses, cheminement des pensées...).
- Accordez beaucoup d'importance au lieu de la pratique.
- Trouvez le juste milieu entre l'indulgence envers vous-même (fatigue corporelle par exemple) et la fermeté, la volonté.

LES EFFETS DE LA MÉDITATION

Les bienfaits de la méditation sont indéniables tant sur le plan somatique que psychologique. Des expériences scientifiques ont montré qu'une pratique régulière régulait la fonction cardio-respiratoire et pouvait donc combattre l'hypertension artérielle et réduire l'anxiété. La pratique de la position de méditation développe la sensation de verticalité de la colonne vertébrale, ce qui induit automatiquement dans l'inconscient une attitude positive et favorise la libre circulation de l'énergie dans le corps. En vous habituant à observer les agitations de votre mental, vous prendrez progressivement du recul par rapport à vos pensées, vos réactions émotives et vos désirs, ce qui vous rendra plus lucide et plus libre.

Les bienfaits d'une méditation régulière sont nombreux.

- Possibilité, à tout instant, de se « recentrer », de retrouver sa paix intérieure.
- Développement de la sensation de verticalité de la colonne vertébrale qui favorise la ventilation et la circulation énergétique.
- Sensation d'être dans un corps plus conscient, plus habité.
- Abandon de tous les obstacles à notre réalisation, en particulier l'état d'aveuglement (ou d'ignorance).
- Meilleur contrôle du mental en devenant un spectateur plus conscient.
- Ralentissement du rythme cardiaque qui permet de reposer le cœur à volonté.
- Meilleure coordination entre le cerveau et le corps, c'est-à-dire entre la pensée et l'action, d'où une rapidité accrue des réflexes et des prises de décision.
- Changement d'état de conscience qui donne une qualité d'être à l'image de ce qu'est devenu le souffle : ouvert, dilaté (joie), tranquille (état de paix), ténu (désirs contrôlés).
- Développement de la patience, de l'équanimité, de la liberté (sans attache).
- Relâchement total de tous les muscles du corps en ne conservant qu'un juste tonus musculaire.

Conclusion

Le yoga est une discipline qui demande un suivi régulier, idéalement avec un professeur. Mais vous pouvez aussi pratiquer chez vous, à votre rythme, grâce à ce DVD, afin de bénéficier de bienfaits durables, de préserver votre santé et de développer des capacités insoupçonnées.

Une pratique régulière :

- favorise une bonne oxygénation, une meilleure circulation sanguine ;
- développe la structure de votre cage thoracique ;
- agit sur le diaphragme qui masse la région abdominale, facilitant ainsi le transit intestinal ;
- diminue le temps de récupération ;
- permet de lutter contre le stress ;
- a une action positive sur les émotions, cultive le sang-froid, le contrôle de soi ;
- aide au développement de la mémoire ;
- améliore la qualité de votre sommeil et lutte contre l'insomnie ;
- adapte l'organisme à l'exercice, aux efforts, à certaines situations ;
- lutte contre l'insuffisance respiratoire, point commun de nombreuses maladies ;
- diminue le nombre de pulsations cardiaques pour un même débit sanguin impliquant une moindre fatigue pour le cœur ;

- apprend l'économie d'énergie, le geste juste et la possibilité de se relaxer ;
- agit sur la santé du corps « pranique » ;
- développe l'attention et la concentration, tout en favorisant la disponibilité ;
- ralentit les « tourbillons » du mental ;
- facilite l'intériorisation et l'état de méditation ;
- aide à prendre conscience de ce qu'est une véritable vie saine et équilibrée.

Persévérez dans votre pratique, cela en vaut vraiment la peine !

SOFT YOGA

ISBN : 978-2-37883-037-3

Dépôt légal : 1er trimestre 2019

Achevé d'imprimer en Union européenne en novembre 2018
par Printcorp